Childhood Dreams

The Lowrider Coloring & Activity Book

Creator:
Regina McClair

Creative Inspiration
Kyle "Big Fish" Terrell

Illustrator
Fadi Oulad Hsain

MCBOSS PUBLISHING

A unique coloring experience for artist of all ages.

Please feel free to share your colored picture with us on Instagram hashtag #Childhood_dreams_coloringbook for a chance to be featured on our website.

Dedication
This book is dedicated to my brother Cedrick "Ricky"McClair, and to all those that have lost their lives due to gun violence.
We Love You!

Give Back
A percentage of each purchase goes back into helping children live their dreams through education, mentorship, and gang prevention.

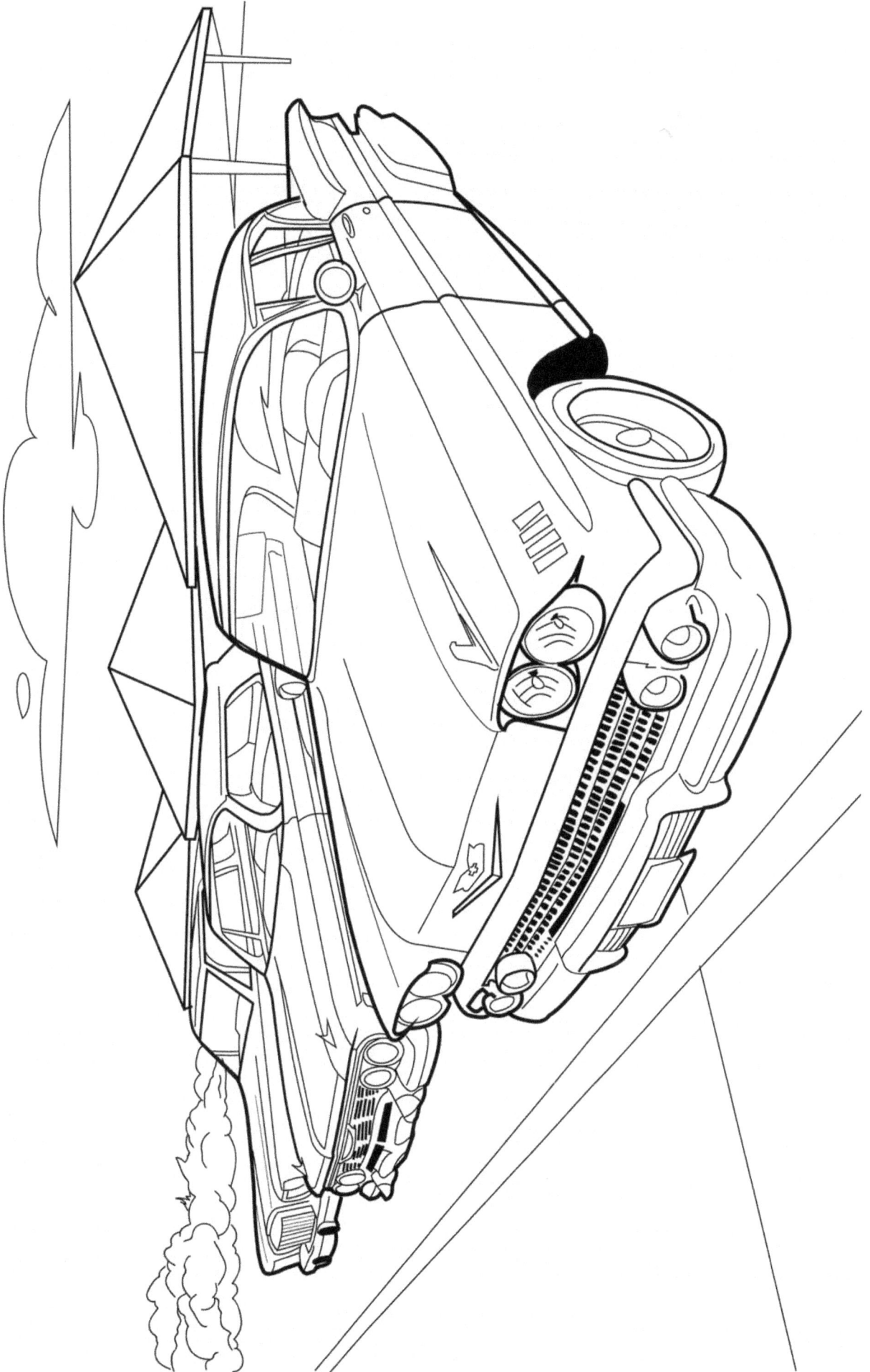

CRENSHAW

7

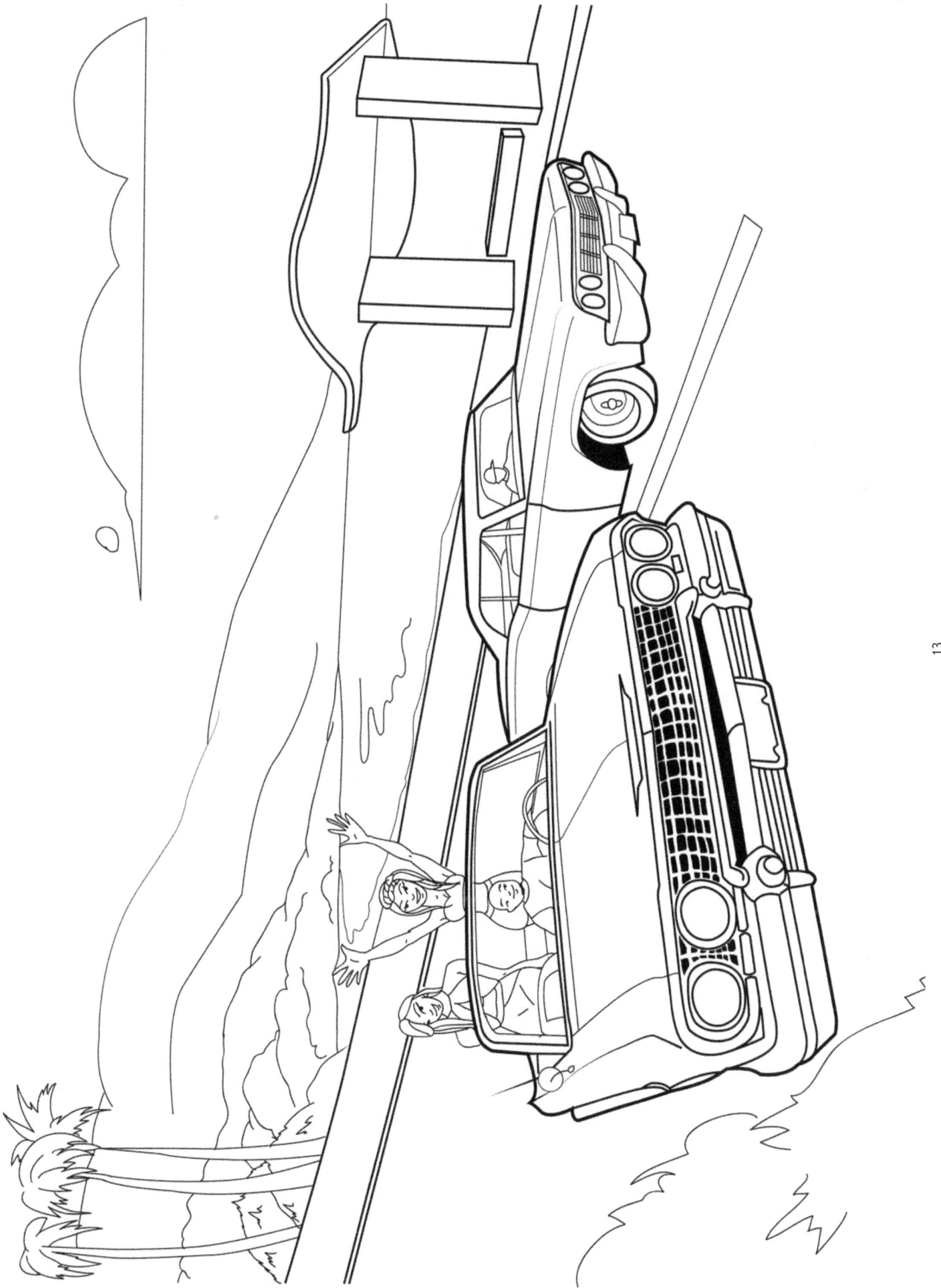

Autobody

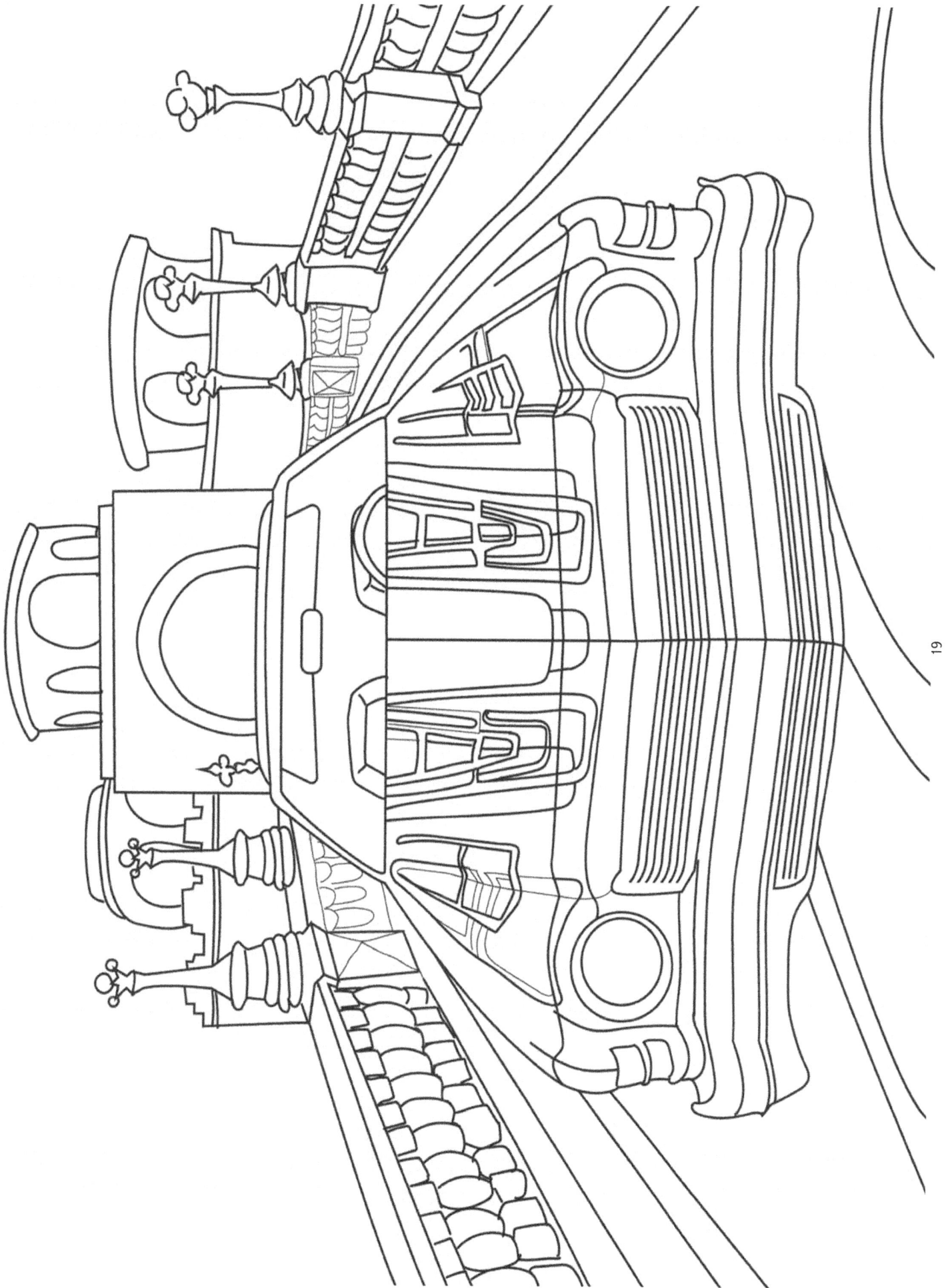

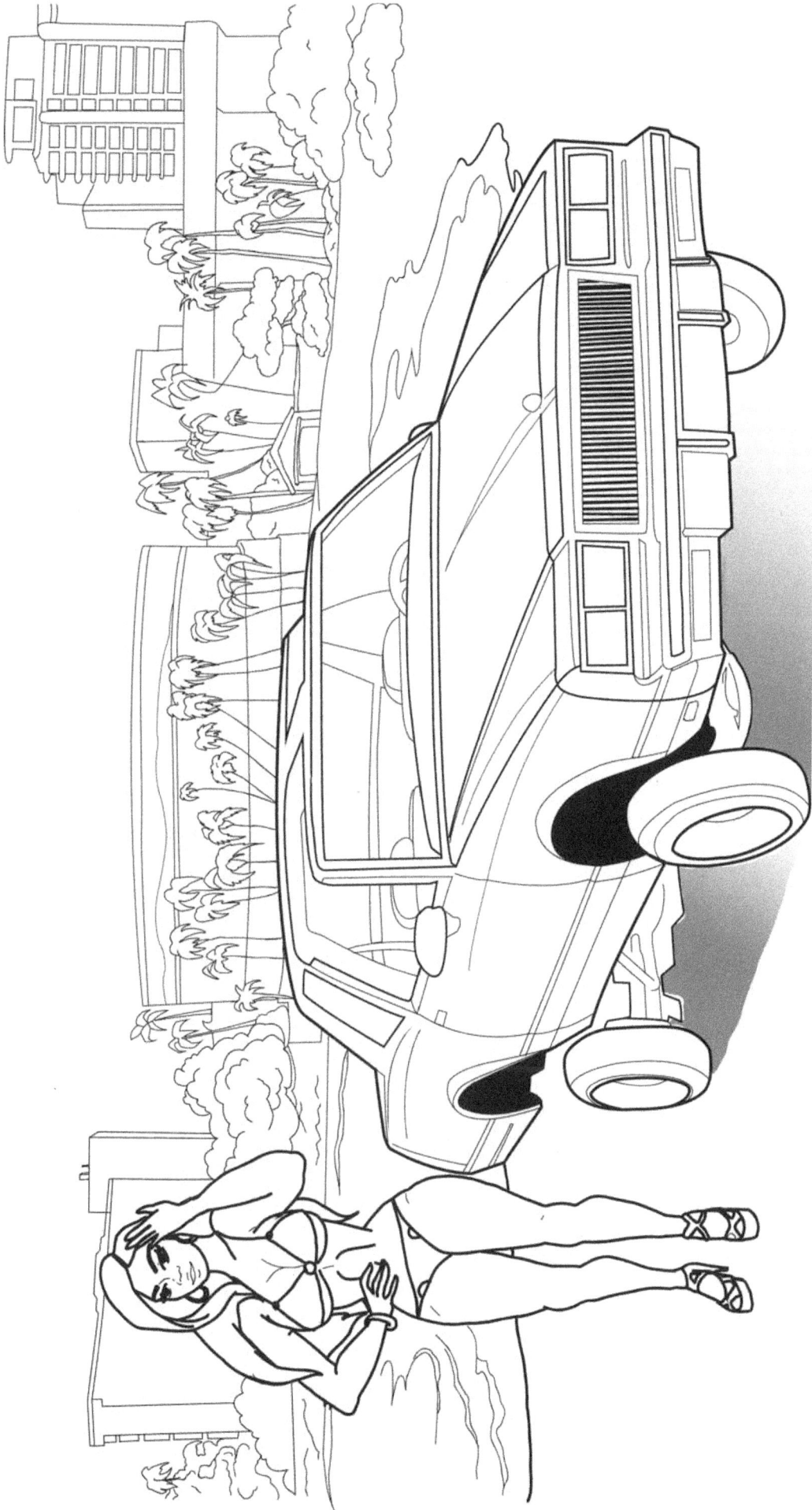

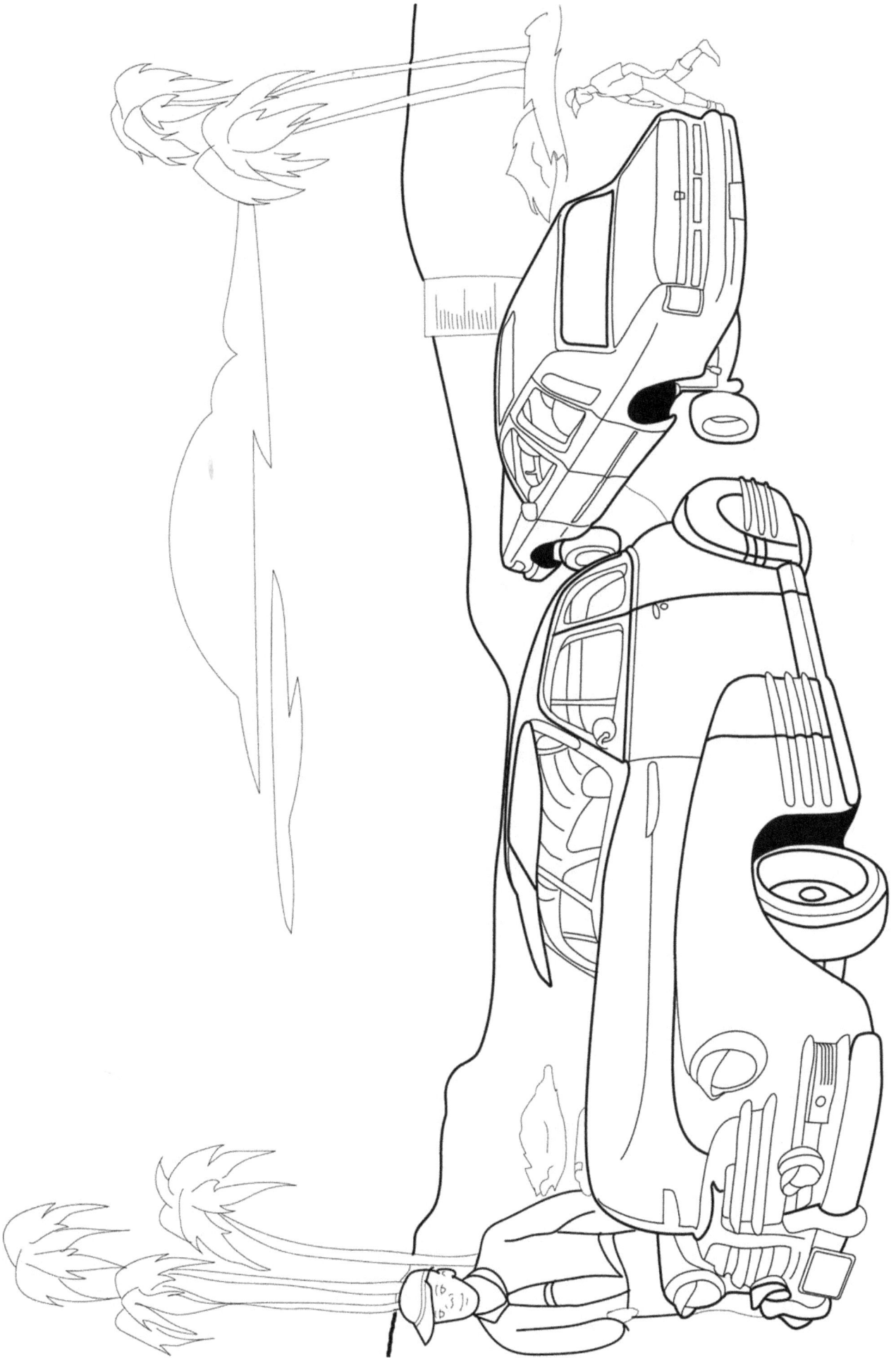

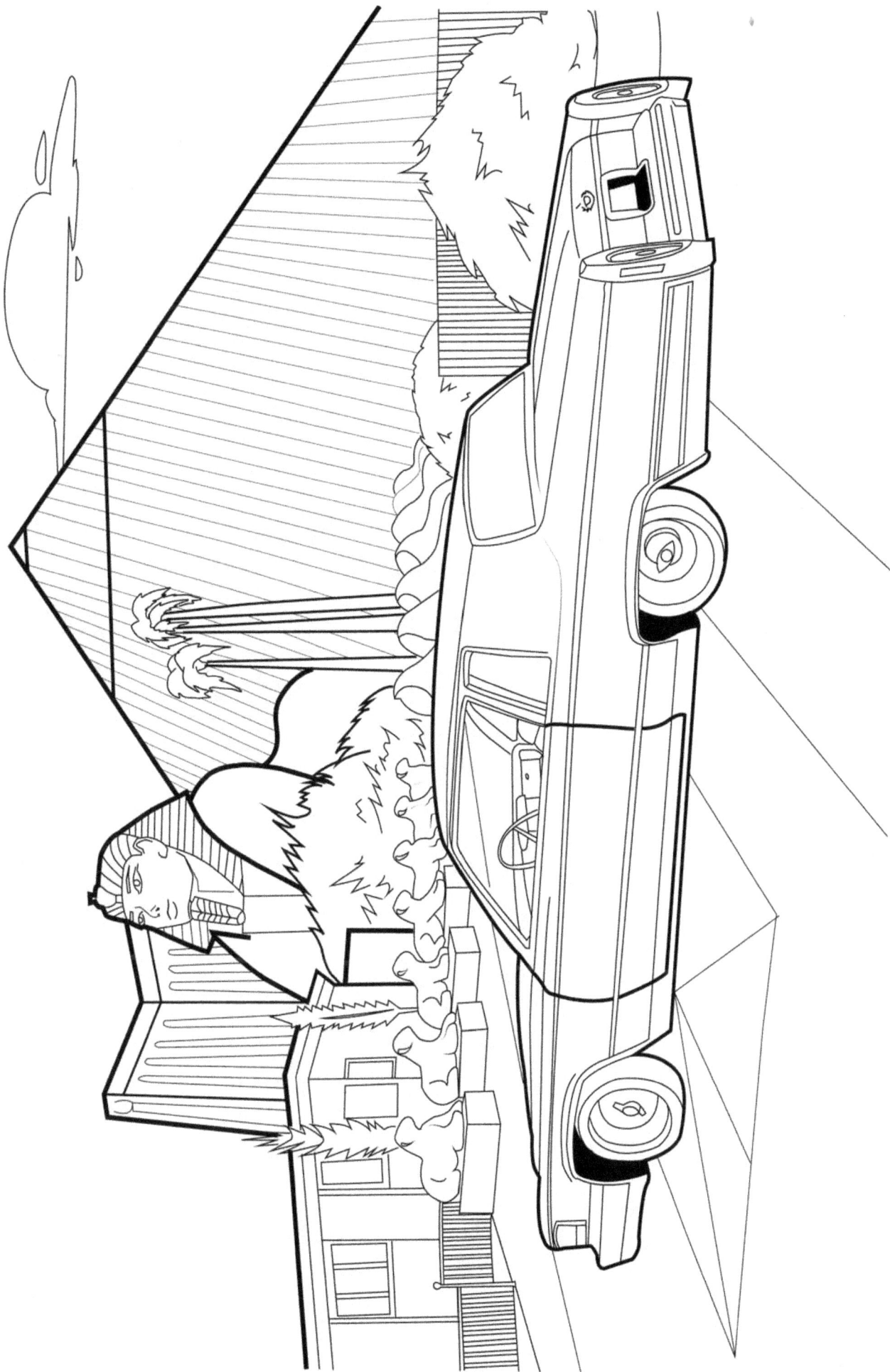

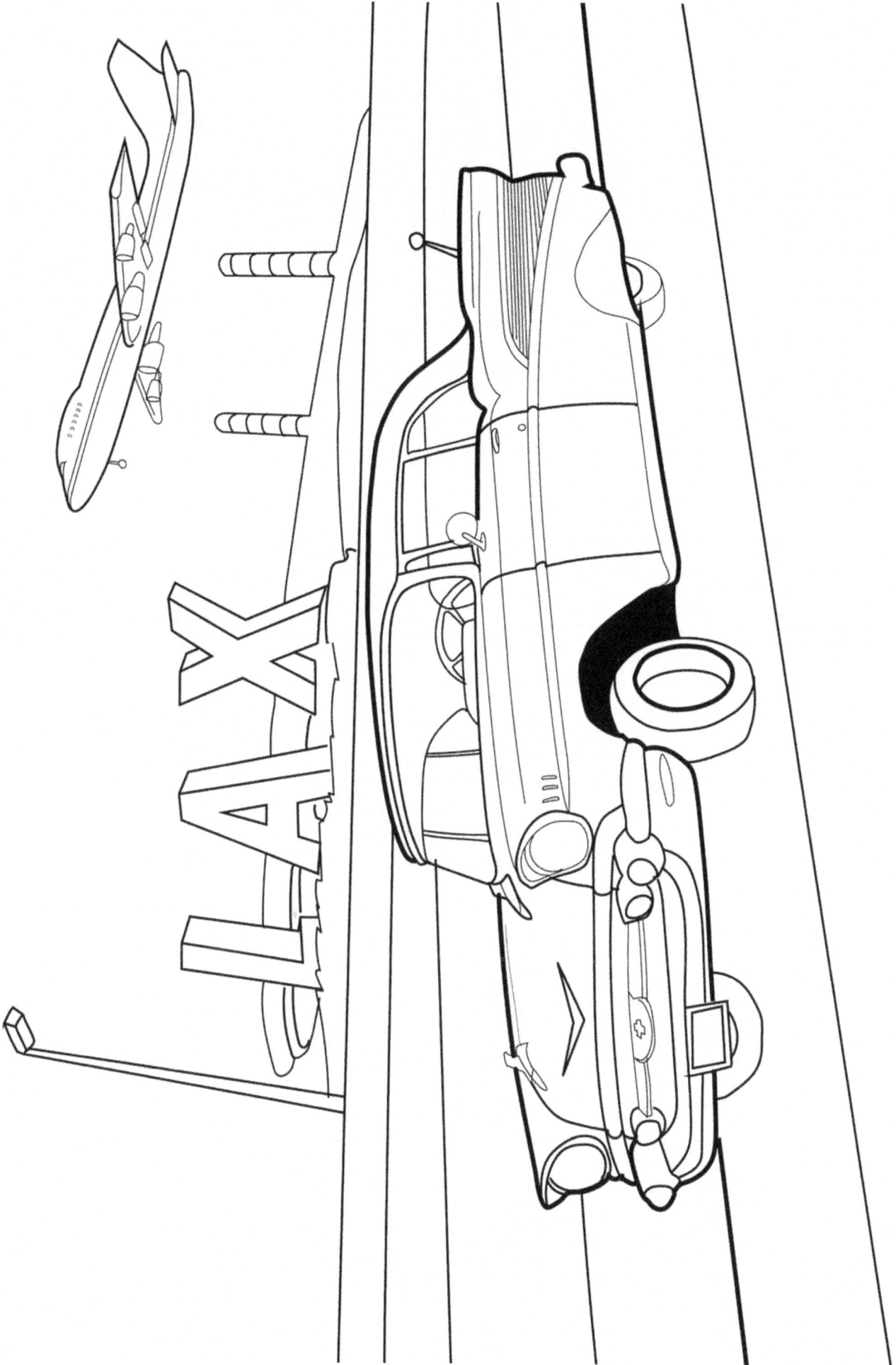

FLEA MARKET
CAROL MART

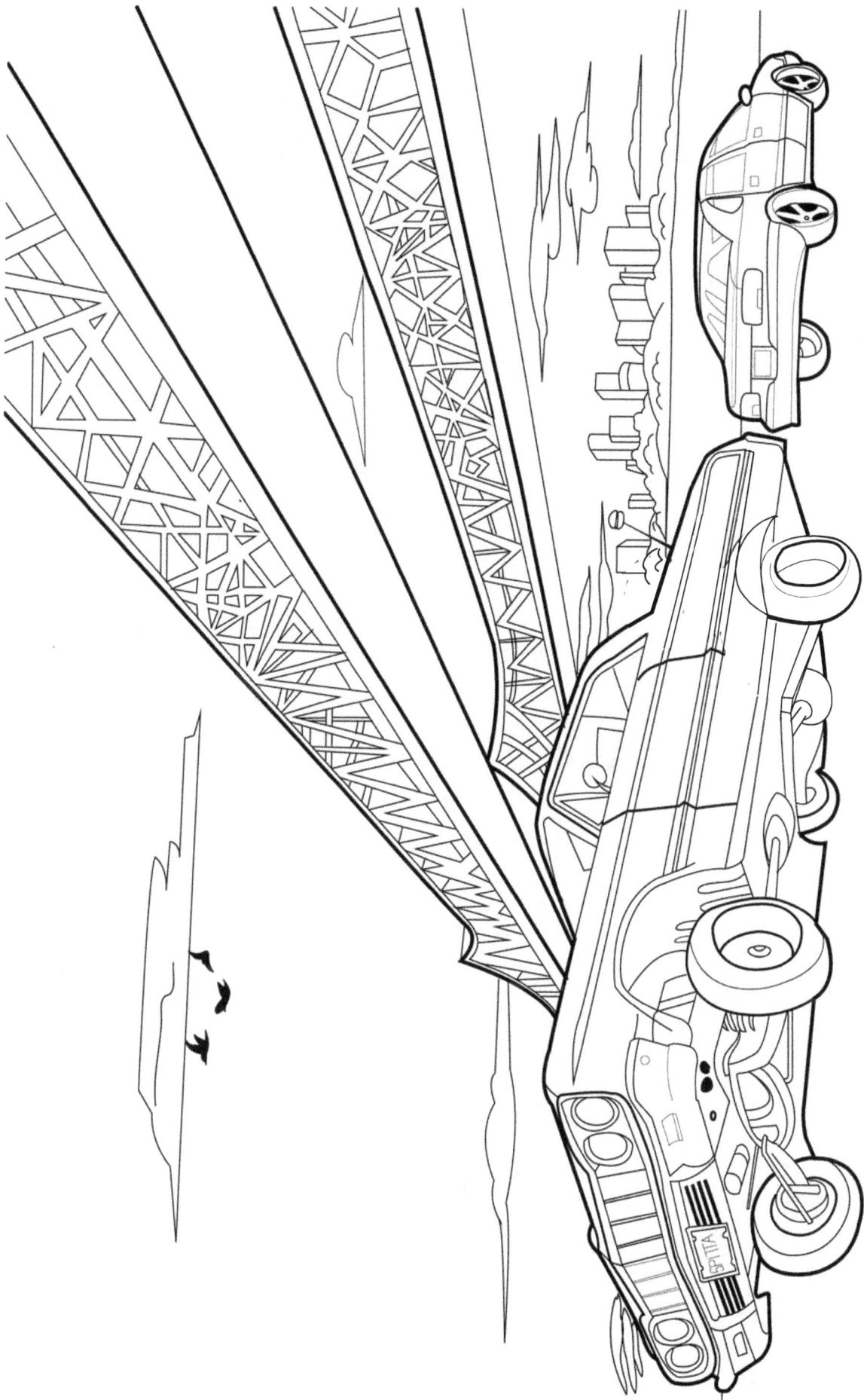

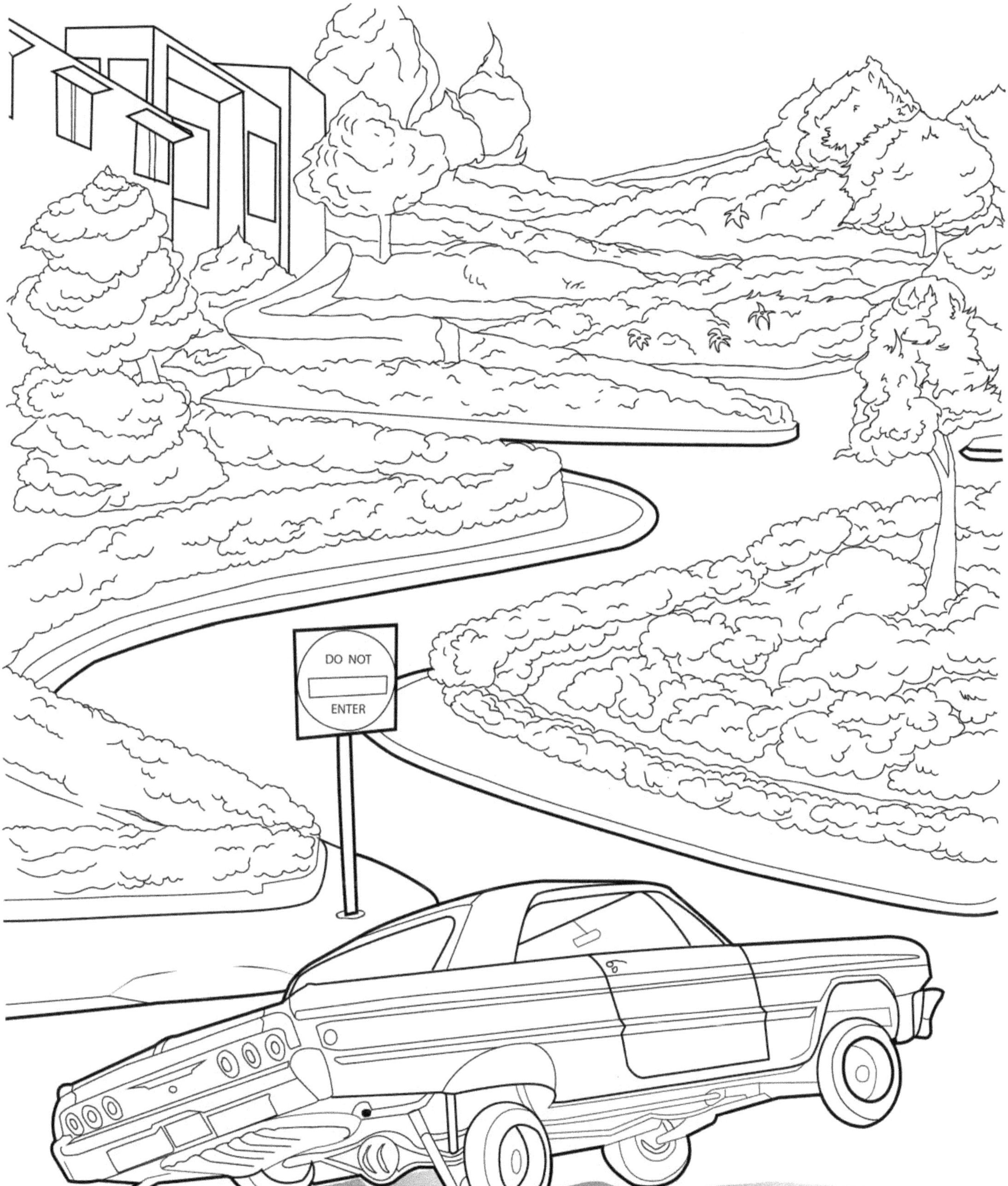
DO NOT
ENTER

STAPLES Center

47

49

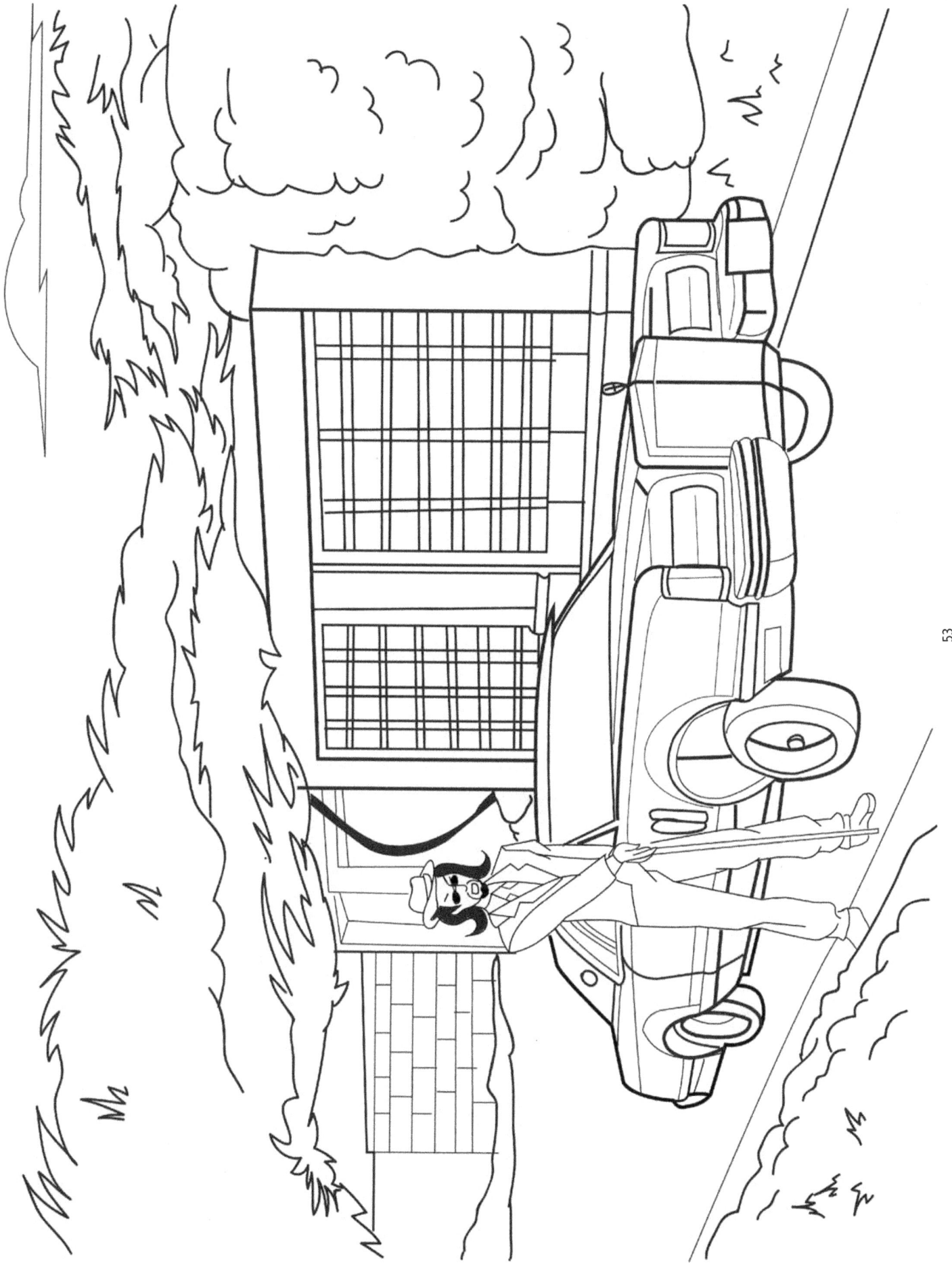

QuikTrip NEW MEXICO

BIG

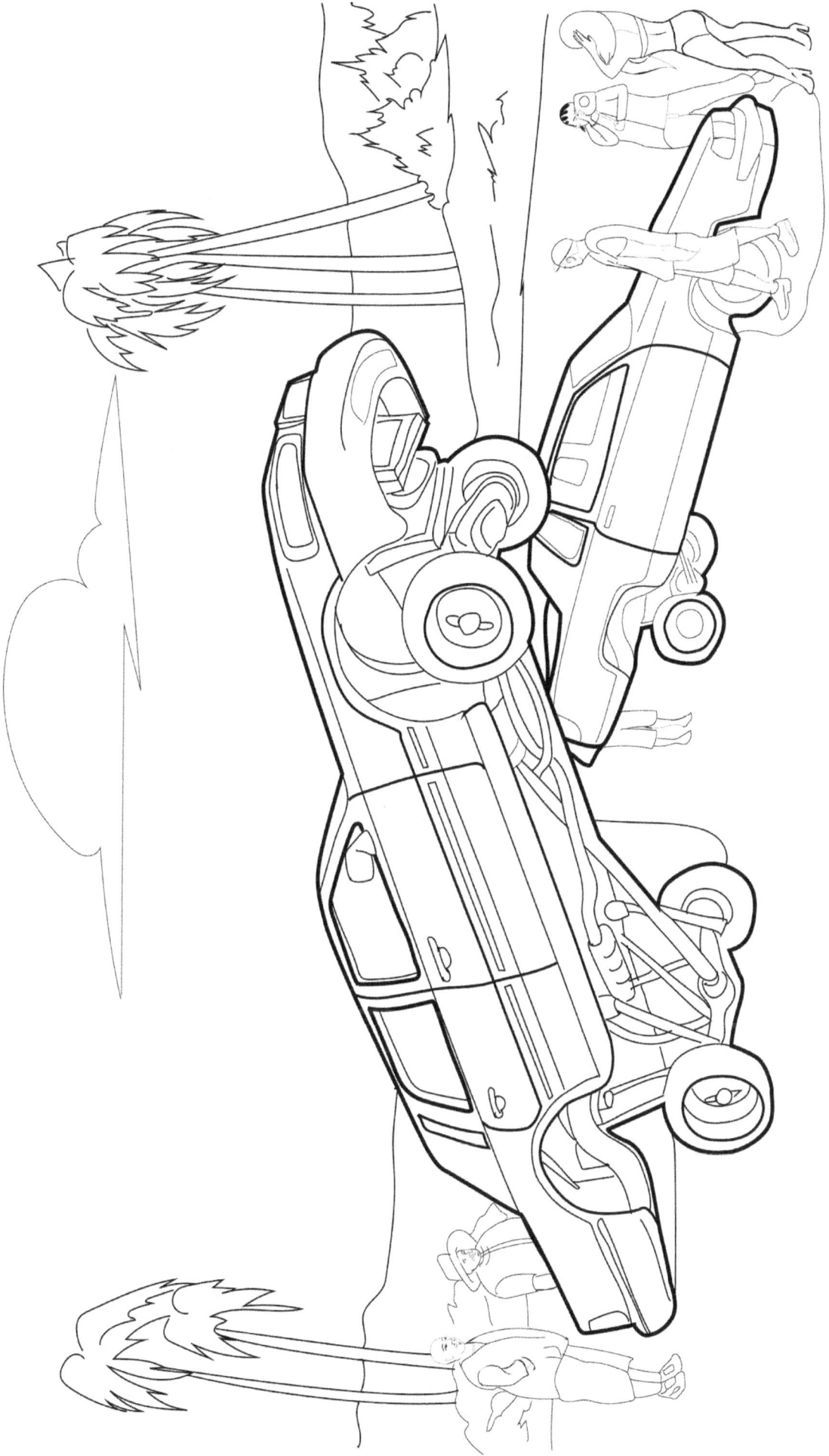

Extras

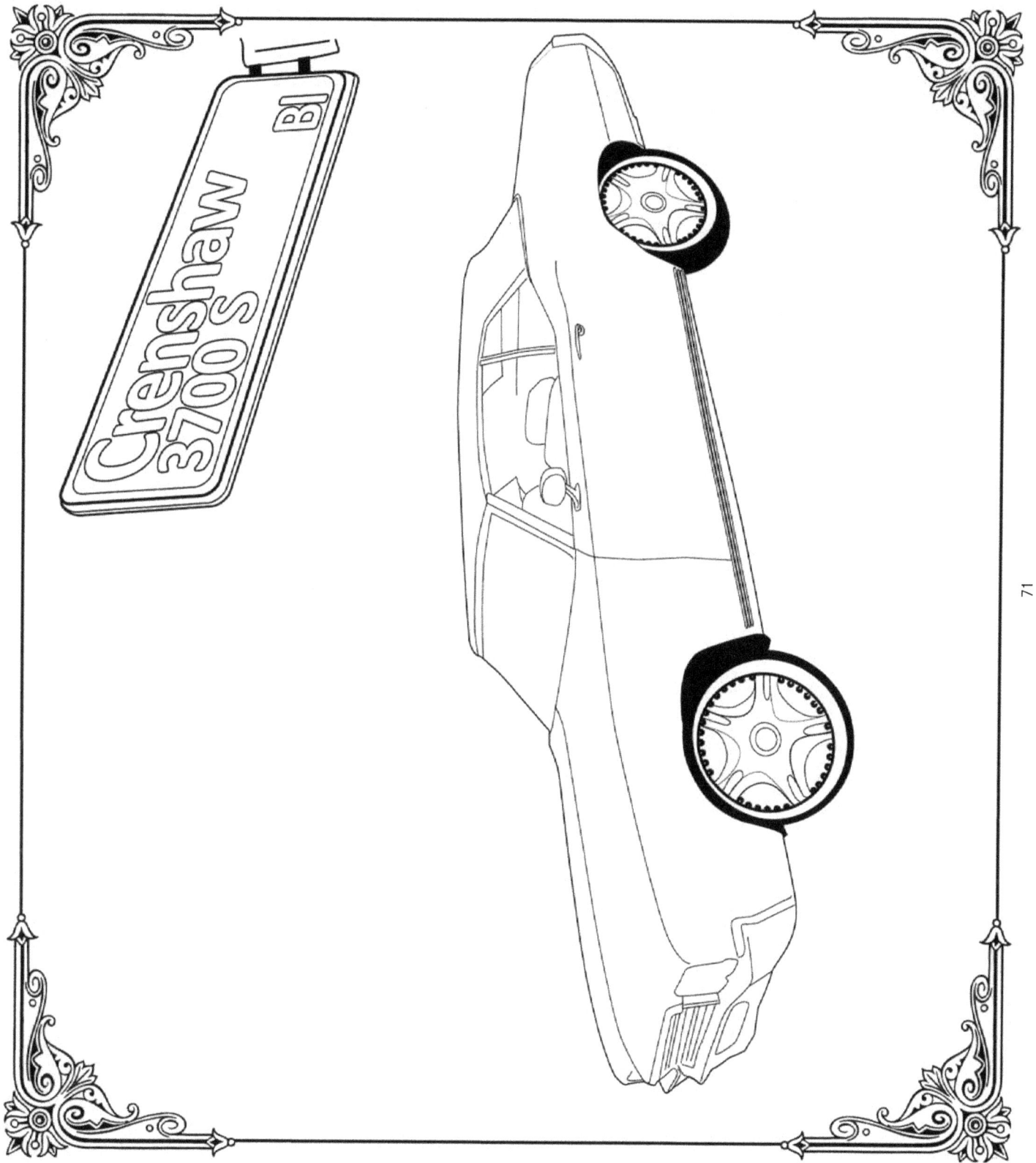

Crenshaw
3700 S

B|

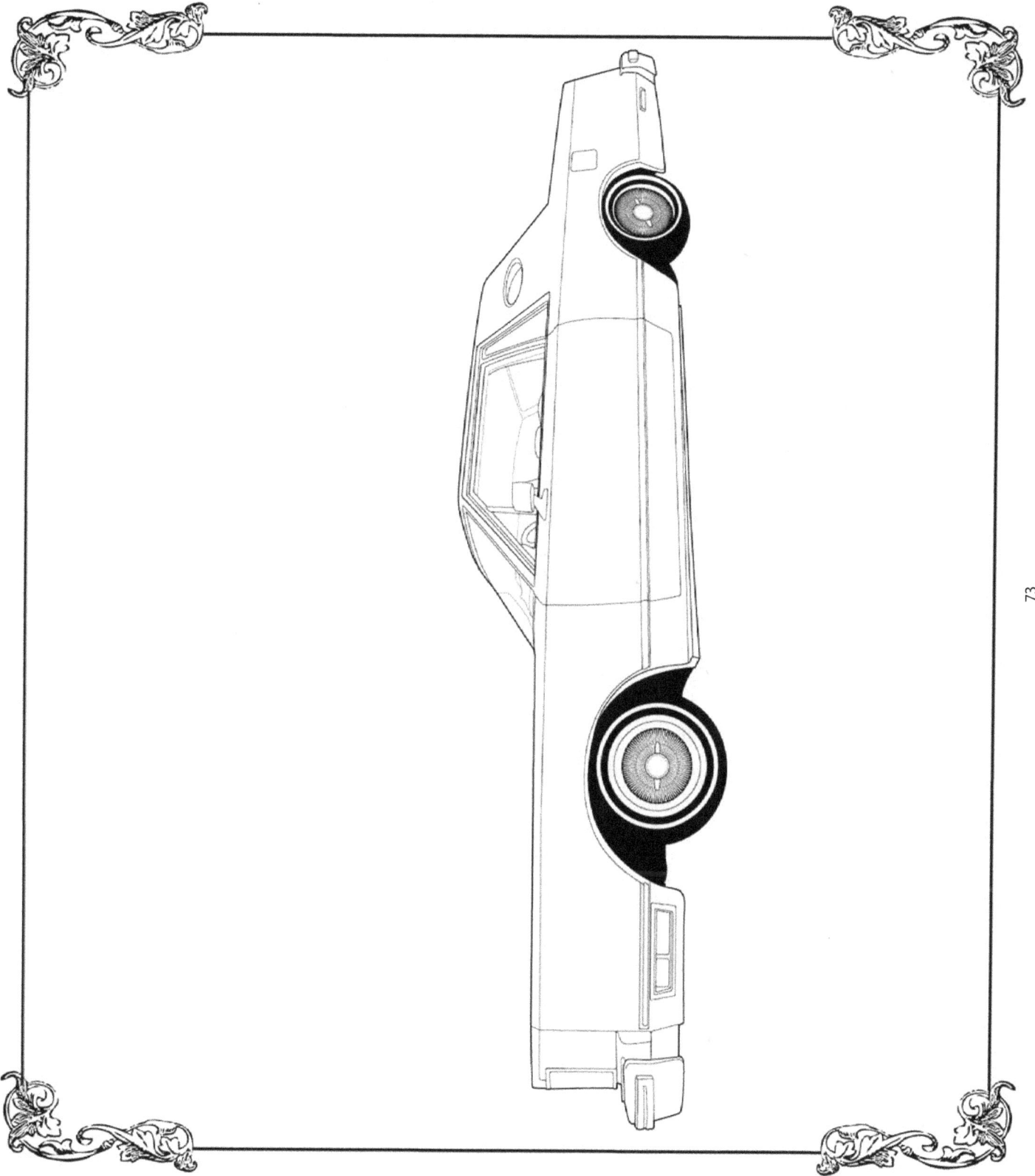

73

75

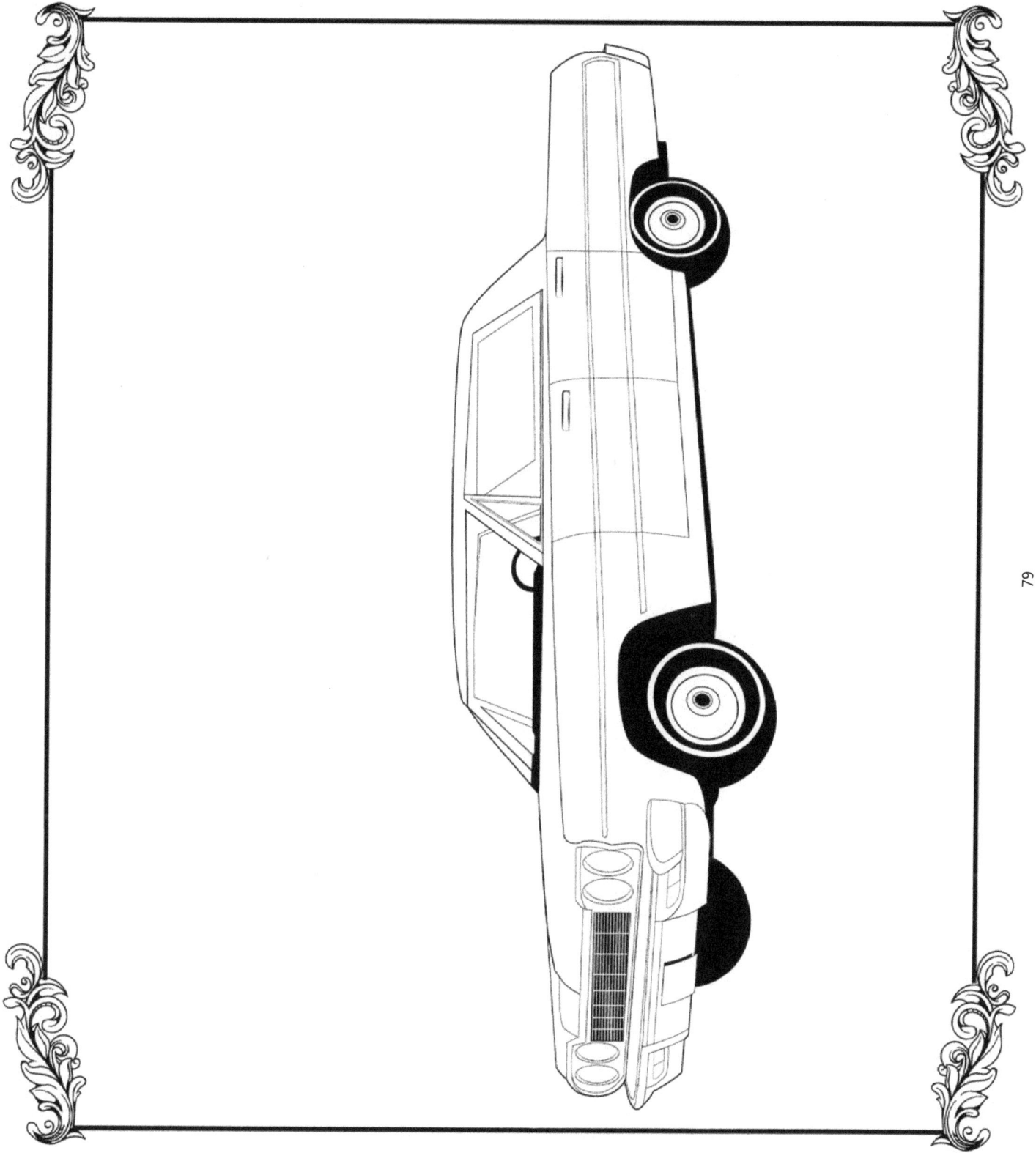

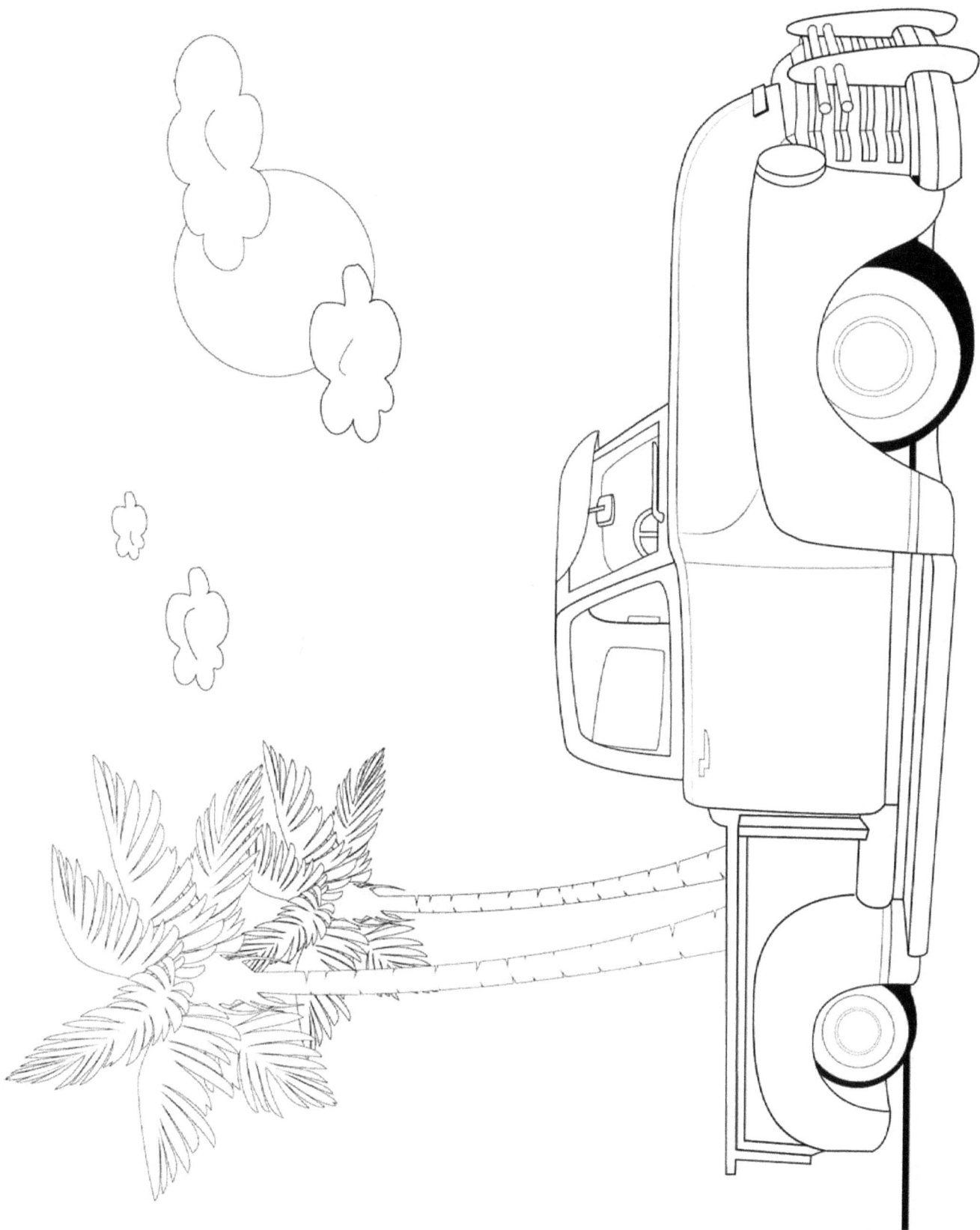

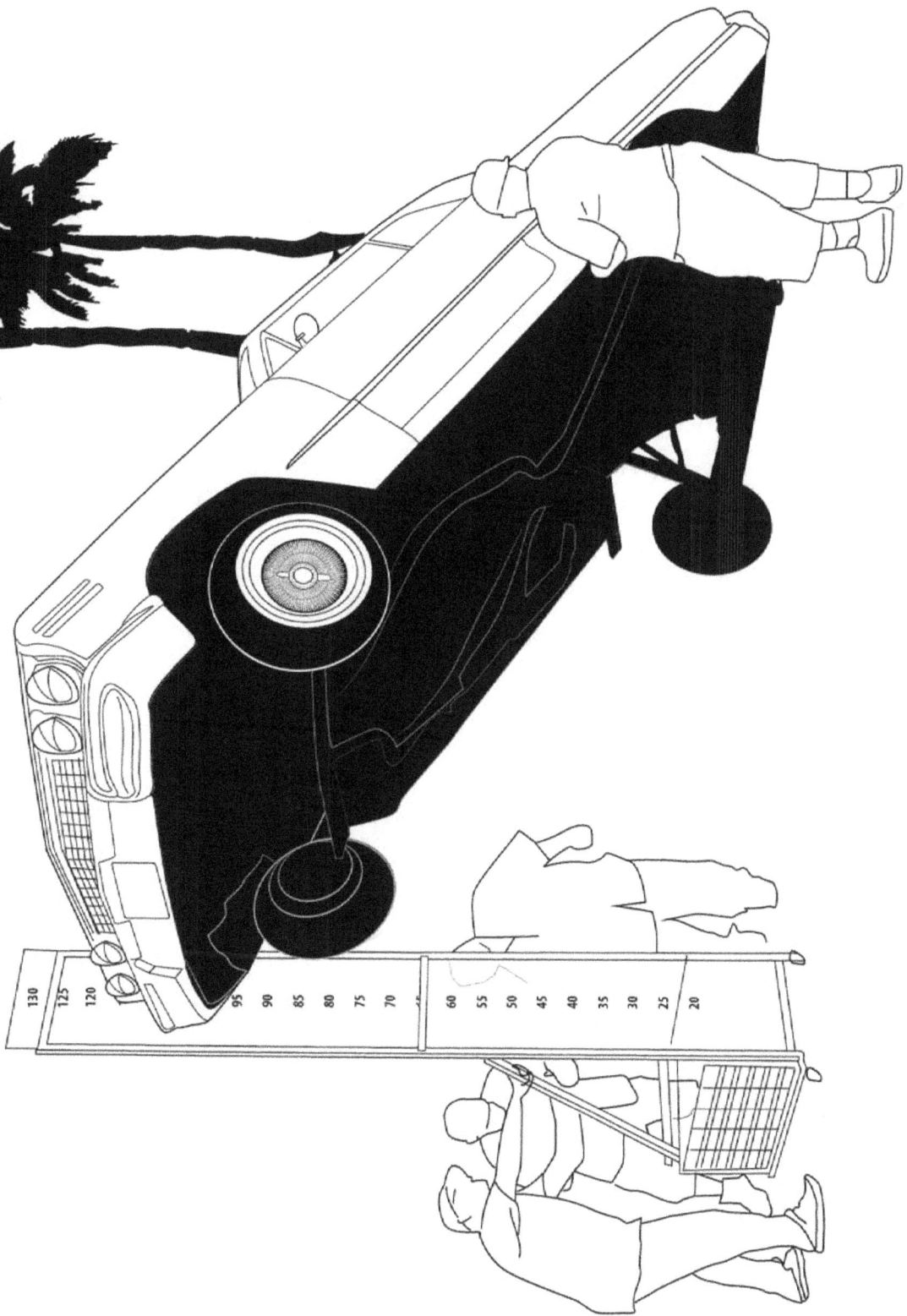

Activity Maze

Car Parts

```
p a u u s c k o c o c z o f f n r l h b d k c r q p t e n z
t r t x l l p v b f d e q w c t e v w q k d e e j b s y c p
c z e u t v h c k x y m k o s l t y t g r l g n j z v z r p
k o t s j x v d z n h m h v n k l a i i f d r o w f a o g d
i c i b s e p i p t s u a h x e i i e f s n s i b u i e f l
h t a l c u w k r x a l k s c l f r u i u l j t f e m v f x
o b h j v x r e r m p n v u p r r m t i f i i i v l o w z i
r i i u r y r e t t a b q i d q i q z x i w r d v i w t o s
s e z i w a e d g g s w p h e e a i s p v t s n i n s a g a
f f p y e h c b a a o e i x s e p u b h h f t o n j u d z f
y k j i o g p k j m u v j w f x k i t l w w a c e e r l g y
q n r o w u m w e g a g e r u t a r e p m e t r p c a d p t
y a d y u d o u n l v i e e s p a r k p l u g i y t b k r b
r t h v g d l p i s t o n s e n p w r r d o a a s o w w f h
b s d o n g k e n m m u f i s k x g c n l i j r t r o y q b
w a f i y x e a i x j k x m l s u n m z n i e m e z t f d j
y g w v e w f r z h r w i t a e p w p g h b i a w t j r m j
j f k b d e t l f w s s h r r t v a v o r y y x t p v o i q
j b q m n x u t r b s d b e o g d x r o g i h l o e o e q b
k d n i k t i i c i t e n r j s j w s e p a n e l c a o g n
m f g f d f n f o o b a u i a v s b r h t e n i g n e j a s
h n o y t z h n o w d p s e w k a e a e u i r w o o l p k h
e v y r h x g f a m k i e r m k e j r h d w r j t p z i f j
g q u a e n c a x k t o f c c b u s i p g n d e b a a o t p
q s i d e v i e w m i r r o r b v v q u m v e t m t w h g j
j y d i o s j r w i e p h j y u x u y g j o j f j r e f i k
i t a a x l s j i y m s p i m m o m g v f s c l w j q u v y
w m u t f w g m o w n h k w e p m j g g w w h z i p a i a r
l h q o t x y s n s l s i b i e u g b c d f i d p k m s e d
b f k r p q x h f g s z b d e r o m j y a f h f l k q r q d
```

Air Conditioner	Clutch	Muffler	Tail Pipe
Air Filter	Engine	Panel	Temperature Gage
Axle	Engine Fan	Pistons	Tow Bar
Battery	Exhaust pipe	Pressure Gauge	Transmission
Brakes	Fender	Radiator	Sideview Mirror
Bumper	Fuel Injector	Shock Absorbers	Skirt
Car Jack	Gas Tank	Spare Tire	Window
Compressor	Hood	Spark Plug	Windshield Wiper

MAZE ANSWERS

DID YOU DISCOVER EACH MAZE?

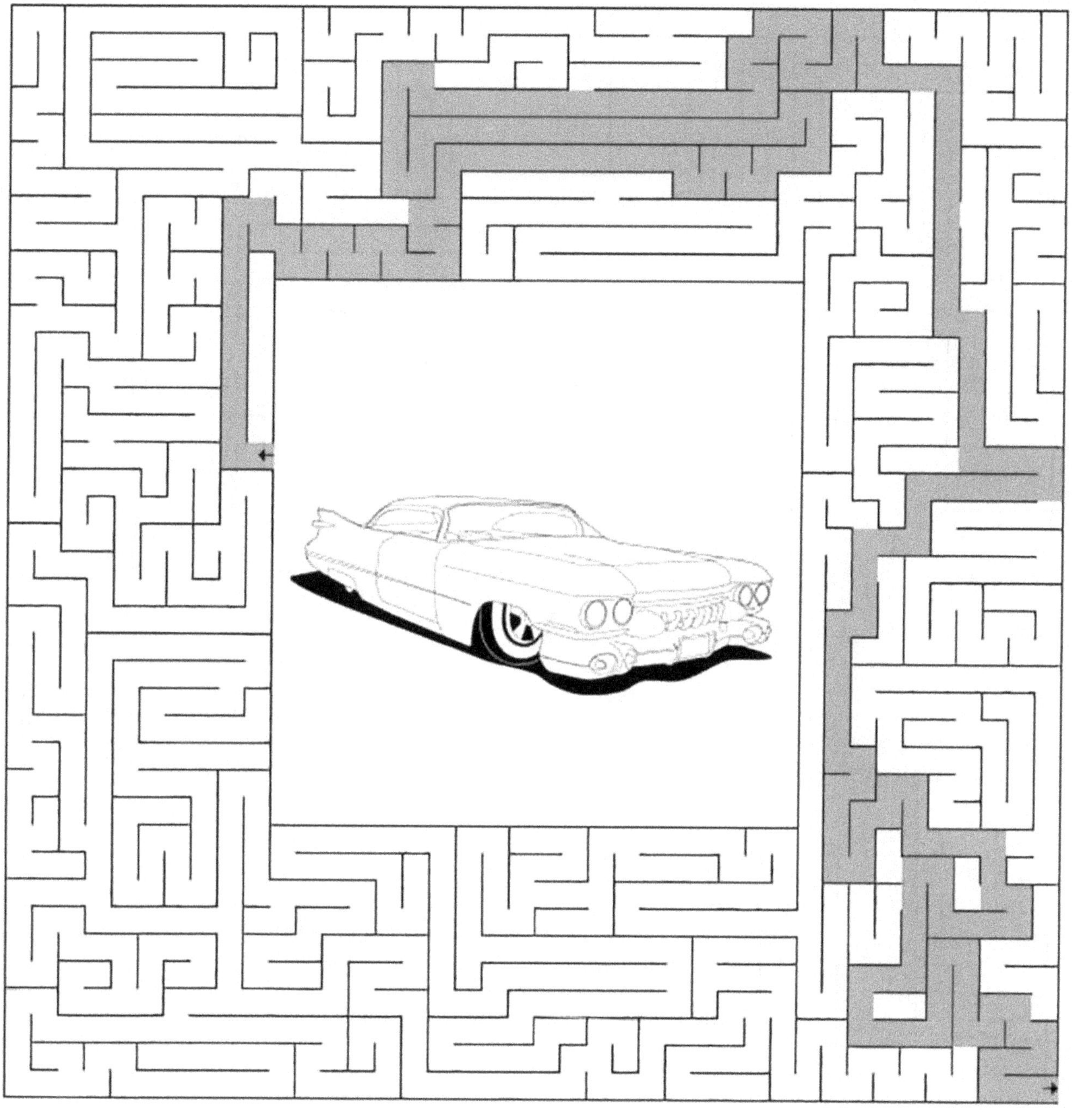

This book is brought to you by
www.mcbosspublishing.com

Mcboss
Publishing

And

www.adaywithbigfish.com

A DAY WITH BIG FISH.com

Order your Lowrider DVDs

www.ingramcontent.com/pod-product-compliance
Lightning Source LLC
Chambersburg PA
CBHW081147040426
42445CB00015B/1798